Conception Graphique : Quat'coul.com
Photogravure : Quat'coul.com
© Edition Aéro-Photos-Pyrénées
© Photos Éric Soulé de Lafont
ISBN : 2-9518936-8-X

Achevé d'imprimer sur les presses de Pure Impression
à Montpellier (France), en octobre 2015.

Toulouse

Côté ciel - Sky side

Éric et Marjorie Soulé de Lafont

Aéro Photos Pyrénées

À Antoine de Saint-Exupéry, Jean Mermoz et Henri Giraud,
trois poètes du ciel et aviateurs de légende qui, par leurs aventures et leurs écrits,
m'ont communiqué la passion du vol.
Sans eux cet ouvrage n'aurait pas vu le jour.*

Un chantier de 12 ans

*To Antoine de Saint-Exupéry,
Jean Mermoz and Henri Giraud*,
three celestial poets and legendary
aviators whose stories and
adventures kindled my passion
for flying.
Without them, this littlebook would
never have seen the light of day.*

** Henri Giraud : le pilote de glacier, pionnier du vol
en montagne en France, qui posa son avion au sommet
du Mont Blanc le 23 juin 1960, à 4 809m...
Henri Giraud: the glacier pilot and pioneer of mountain
flying in France who, on 23rd June 1960, landed his plane
on Mont Blanc, 4,807 metres above sea level...*

Mai 2003, aérodrome de Lasbordes (Balma)
– Alors Éric, tu désertes tes chères montagnes pour la morne plaine et la civilisation !

Le pilote qui m'apostrophe ainsi au pied de mon avion sur le tarmac de Lasbordes, c'est Gérard Danen, un ami toulousain passionné d'aviation au point d'avoir construit, lui aussi, sa propre machine volante.

Il sait que ma passion première est le vol en montagne à bord de mon Zénair 701, le petit aéronef construit de mes mains et basé à « Thèbe Airport », le pré en pente « long » de 80 mètres qui me tient lieu de piste au coeur des Pyrénées. Quelle surprise, pour Gérard, de me retrouver aujourd'hui aux commandes d'un bimoteur sur une piste bitumée et « aseptisée » de 950 mètres !

– C'est la vieillerie qui te guette, tu t'embourgeoises et tu renies ton passé

montagnard, ironise-t-il alors qu'il vient d'embarquer et de découvrir le tableau de bord « vintage », bourré d'instruments antiques de notre bimoteur.
– Mais non mon ami, si j'ai délaissé ma vallée sauvage de Barousse, c'est pour la bonne cause ! Je vais réaliser un rêve de gosse : aller sur les traces de mon idole de toujours, le grand Mermoz, en survolant Montaudran et la ville rose au ras des toits, comme au temps des pionniers.
– Intrigué, mon camarade aviateur me lance : tu n'as pas peur de survoler la ville avec ce vieux coucou des années 60 ?

Assez discuté, Gérard, boucle ta ceinture, j'appelle la tour de contrôle et on y va ! Je démarre successivement les deux moteurs de 235 chevaux, ravi de lui faire écouter leur harmonieuse mélodie, rassurante quand on s'apprête à survoler une ville à basse altitude...

Nous décollons puis, le train rentré, virons de 90 degrés à gauche avec dans le cap, surplombant la Garonne tel un phare de haute mer, le Dôme de la Grave. Bientôt le grondement sourd des deux 6 cylindres de notre vénérable Piper-Apache de 1962 (!), restauré pour l'occasion, surprend les passants qui détournent la tête au milieu de la place du Capitole.

Moment de jubilation, intense dans la vie d'un pilote : survoler les toits de Toulouse à moins de 200 mètres, un spectacle d'ordinaire interdit au commun des mortels, aviateurs ou non !

Et moment de nostalgie en photographiant l'Hôtel du Grand Balcon où séjournaient les pilotes de la Postale. Puis j'incline l'avion en virant de 180 degrés pour mieux contempler une merveille de l'art gothique, les Jacobins.

Au loin se profile l'étoile verte du Grand-Rond, tandis que surgissent sur ma gauche deux icônes toulousaines : le musée des Augustins puis la cathédrale Saint-Étienne.

À 250 km/h
il faut cadrer sans traîner
pour immortaliser
ces moments privilégiés,
tandis que mon copilote
tient le manche.

Déjà la piste de Montaudran apparaît droit devant. En clignant des yeux j'imagine le « champ d'aviation » des pionniers, simple bande herbeuse au milieu de la campagne environnante... C'est ici que Latécoère débuta sa carrière aéronautique dès 1917 avec la fabrication des biplans Salmson.

Retour à la réalité. Depuis de nombreuses décennies l'asphalte a chassé l'herbe et cette piste, réservée à Air France, surprend, en pleine ville, prise en tenaille entre la rocade et les bâtiments qui l'encerclent de toutes parts. Je sais que ses jours sont comptés et que les promoteurs auront bientôt gagné la partie. La tombe de Didier Daurat, le « patron » de l'Aéropostale, transférée au bord de « sa » piste en 1972, sera même déplacée à nouveau... O tempora, o mores !

Alors, avec un brin de mélancolie, je réduis les gaz et prend mon plan de descente au-dessus de l'avenue des Herbettes, puis j'effleure de mes roues cette piste mythique où, sous l'œil sévère et intraitable de Didier Daurat, Jean Mermoz débuta sa carrière à l'Aéropostale.
C'est à coup sûr le récit de son épopée, si brillamment contée par l'écrivain-journaliste-aviateur Joseph Kessel, qui a fait germer en moi l'impérieuse envie de voler.

Ayant lu et relu depuis l'âge de 12 ans le récit de sa trop courte existence, je n'ai qu'un regret, être né 50 ans trop tard pour le côtoyer lui et ses courageux compagnons, les Saint-Exupéry, Guillaumet, Reine, Cavailles, Rozes et tous les autres.

Comme Jean Mermoz « Je voudrais ne jamais redescendre ».

À défaut je n'ai trouvé qu'une alternative : immortaliser mes vols grâce aux clichés pris là-haut, afin de revivre à terre ces moments de plénitude intense, trop éphémères, vécus en altitude loin des misères et des turpitudes des hommes. Grâce à la complicité de quatre pilotes professionnels passionnés, Claude, Daniel, Jean Bruno et Michel, notre « campagne d'observation » au-dessus de Toulouse, facilitée par les contrôleurs aériens de Blagnac, va s'étaler sur près de 18 mois... Volant en toute saison, à toutes les altitudes, de l'aube au crépuscule, nous découvrons les mille et une facettes de Toulouse, d'ordinaire cachées aux yeux des terriens. Mon rêve se réalise : saisir toutes les teintes et tous les « visages » de la cité occitane pour réaliser un premier ouvrage, « Toulouse à ciel ouvert ».

Octobre 2014, Blagnac, aéroport d'aviation d'affaires.

Onze ans après notre première incursion dans le ciel toulousain, c'est avec la même fébrilité, la même exaltation que je m'apprête à survoler de nouveau la cité « interdite ».
Marjorie et moi sommes impatients d'observer la métamorphose de la

... transcrire toute la poésie d'un vol de nuit...

ville avec le retour du tramway, la rue d'Alsace-Lorraine rendue aux piétons, la mutation de Montaudran, la naissance de l'Oncopole et tant d'autres nouveautés ! Notre vénérable bimoteur Apache ayant pris une retraite méritée, c'est un hélicoptère biturbine affrété pour l'occasion qui va nous arracher à la pesanteur afin de scruter la ville avec l'oeil inquisiteur du gypaète. Onze ans plus tard, le spectacle est toujours aussi fascinant et m'incite à poursuivre ma quête photographique en vue d'un prochain livre, totalement inédit. Cette fois-ci je vais, en outre, tenter l'impossible : transcrire toute la poésie d'un vol de nuit et saisir les teintes chaudes de la brique et de la tuile entre chien et loup.

Septembre 2015 Thèbe Airport.

Assis devant l'écran de mon ordinateur, je bataille avec le logiciel de mise en page. Marjorie arrive à mon secours tandis que je désespère au fond de mon bureau, à 50 m à peine de notre piste de montagne et du hangar où niche mon bel oiseau noir, le Zénair 701, couvert de toiles d'araignées car délaissé depuis 3 mois. En effet pour imprimer ce livre comme prévu, à la mi-octobre, j'ai dû choisir entre la passion du vol et celle de la photo. C'est cette dernière qui l'a emporté. Depuis près de 2 ans, pendant des jours et des jours j'ai passé et repassé au crible des milliers de clichés enfouis dans mes disques durs. Ainsi j'ai pu en extraire la « substantifique moelle » : près de 200 photos sélectionnées pour cet album toulousain. La mise en page débutée l'hiver dernier et maintes fois remaniée doit s'achever bientôt en compagnie de Marjorie, pour fournir à temps les précieux fichiers à Thierry et Thomas, nos graphistes et photograveurs.

Depuis nos débuts dans l'édition en 2001, c'est notre huitième « bouclage » et le stress est toujours le même quand la date fatidique de l'impression approche et que les dernières corrections s'éternisent...

Cette fois j'ai « sacrifié » les légendes pour laisser toute leur place aux photos, souvent pleine page.

Cet ouvrage n'a d'autre ambition que de vous faire partager le regard ébloui d'un aviateur amoureux d'une cité d'exception, vieille de plus de 2 000 ans mais tournée vers le futur, grâce à ses chercheurs, étudiants, universitaires, industriels, ouvriers, mécaniciens et pilotes qui en ont fait la capitale européenne de l'aéronautique et de l'espace.

Bon vol !

L'hôtel du Grand-Balcon, celui des pionniers de l'Aéropostale. *The Hôtel du Grand Balcon, where the Aéropostale pilots used to stay.*

L'auteur construisant son premier avion dans son garage. *The author building his first aeroplane in his garage.*

Le Zénair 701 construit par l'auteur, lors d'une mission photo hivernale. *The Zénair 701 built by the author, during a winter photography expedition.*

A twelve-year project...

May 2003 at Toulouse-Lasbordes Airfield (Balma)
– So Eric, you've decided to abandon your precious mountains for dreary flatland and civilisation!

The pilot shouting at me from the foot of my plane as it stands on the tarmac at Lasbordes is none other than Gérard Danen, a friend from Toulouse who is so fanatical about aviation that, like me, he has built his own flying machine.
He knows that my biggest passion is flying over the mountains in my Zénair 701, the little aircraft that I built with my own hands and is based at "Thèbe Airport", the 80-metre "long" sloping meadow in the Pyrenees that serves as my landing strip.
What a surprise for Gérard to find me at the controls of a twin-engine plane on the "sterile" asphalt of a 950-metre runway!

– You must be getting old; you're abandoning your mountain-dwelling roots for the trappings of the middle class,» he says ironically as he climbs on board and discovers the «vintage» instrument panel crammed full with antique instruments.
– No, I'm not. The only reason I left my wild and beloved valley of Barousse behind is because I'm about to fulfil one of my childhood dreams: I'm going to follow in the footsteps of my all-time hero, the great Mermoz, by flying over the rooftops of Montaudran and the pink city, like in the days of the pioneers.
– Intrigued, my aviator friend says: Aren't you afraid of flying over the city in that old 1960s relic?

Enough talking, Gérard. Buckle in and get ready for take-off while I check in with ground control! I start the two 235-hp engines one after the other, delighted to let him hear the deep, harmonious thrum that is so reassuring when one is preparing to fly over a city at low altitude...

We take off and then, once the landing gear is retracted, make a 90-degree turn to the left and head toward the Dôme de la Grave, which stands over the Garonne River like a lighthouse.
Soon the low rumble made by the two 6-cylinder engines of our venerable 1962 (!) Piper-Apache — which has been lovingly restored for the occasion — begins to startle the passers-by below, who stop in the middle of the Place du Capitole and turn their eyes skyward. I experience a moment of intense joy, such as a pilot feels only once in his lifetime, as we fly less than 200 metres above the rooftops of Toulouse. It is a spectacle normally denied to mere mortals, whether they are aviators or not!
And a moment of nostalgia when I take a photo of the Hôtel du Grand Balcon, where the Aéropostale pilots used to stay.

Then I roll the plane 180 degrees to get a better view of one of the wonders of gothic art, the Jacobins.
In the distance, I can see the green star shape formed by the Grand Rond botanical gardens, while to my left loom two iconic Toulouse landmarks: the Musée des Augustins and Saint Etienne cathedral.

> At 250 km/h, I have to act fast to capture these special moments with my camera, while my co-pilot takes the control stick.

The Montaudran runway is already in view ahead of us.
So, with a hint of melancholy, I slow the engines and start my descent to avenue Herbettes. My wheels touch down on the legendary runway where, under the stern and unrelenting gaze of Didier Daurat, Jean Mermoz began his career at Aéropostale.
I have no doubt that it was his epic life story, so brilliantly told by the writer, journalist and pilot Joseph Kessel, that first awakened in me the imperious desire to fly.
Having read the story of his too short life over and over again since the age of 12, I have only one regret; that I was born 50 years too late to meet him and his brave companions Saint-Exupéry, Guillaumet, Reine, Cavailles, Rozes and all the others.

> Like Jean Mermoz
> "I would never come down"

But I have to. So all I can do is immortalise my flights in aerial photographs, so that when I am back on the ground I can relive those intense but ephemeral moments of pure bliss in the sky, far from the misery and depravity of humankind.
Flying in all weathers, at all altitudes, from dawn to dusk, we discover a thousand different facets of Toulouse that are normally hidden from the view of us Earthlings. My dream of capturing the colour and character of the Occitan city on camera, and then turning my photos into a book — "A Bird's Eye View of Toulouse" — is coming true at last.

October 2014, Blagnac Business airport.

Eleven years after our first foray into the skies above Toulouse, I am once again preparing to fly over the «forbidden» city, with the same feverish excitement as the first time.
Marjorie and I can't wait to see how the city has changed. The trams are back, the Rue d'Alsace-Lorraine has been pedestrianised again, Montaudran is being revamped, and there is a new cancer research centre (l'Oncopole), along with so many other things! Our venerable twin-engine Apache is enjoying a well-earned retirement, so a dual-turbine helicopter has been specially chartered to release us from the clutches of gravity so that we can scan the city with the inquisitive eye of vultures.
Eleven years later, the spectacle is just as amazing. It prompts me to pursue my photographic quest with a new and unprecedented book in mind.
This time, I am going to attempt the impossible: describe all the beauty and poetry of a night flight, and capture the warm hues of brick and tile at twilight.

September 2015, Thèbe Airport.

I am sitting in front of my computer, battling with my desktop publishing software.
Marjorie and I began working on the layout last winter and have changed it time and time again since then. It should be finished soon so that we can hand over the precious files to Thierry and Thomas, our graphic designers and block-makers.
This time, I have forgone the captions to leave more room for the often full-page photos.

The sole purpose of this book is to give the reader a dazzling perspective of an exceptional city, as seen through the loving eyes of an aviator; a city that is 2,000 years old and yet is resolutely turned toward the future, thanks to the researchers, students, academics, industrialists, workers, mechanics and pilots who have made it the aeronautics and space capital of Europe.

Enjoy your flight.

yesterday
hier

2003

Soir de 14 juillet sur le Pont-Neuf ~ Page gauche.
Premiers rayons de soleil sur la place Saint-Sernin et la place Occitane ~ Page droite.

L'hippodrome de la Cépière ~ Page gauche, haut.
L'université Toulouse Jean-Jaurès ~ Page gauche, bas.
La Garonne de l'Île du Ramier à Beauzelle ~ Page droite.

La piscine Alfred Nakache ~ Page gauche, haut.
Toulouse plage ~ Page gauche, bas
Le Stadium un soir de 14 juillet ~ Page droite.

Le cœur de la cité ~ Pages précédentes

La Daurade, le Pont-Neuf et l'Hôtel-Dieu Saint-Jacques.

Soleil couchant sur les Jacobins et l'Hospice de La Grave.

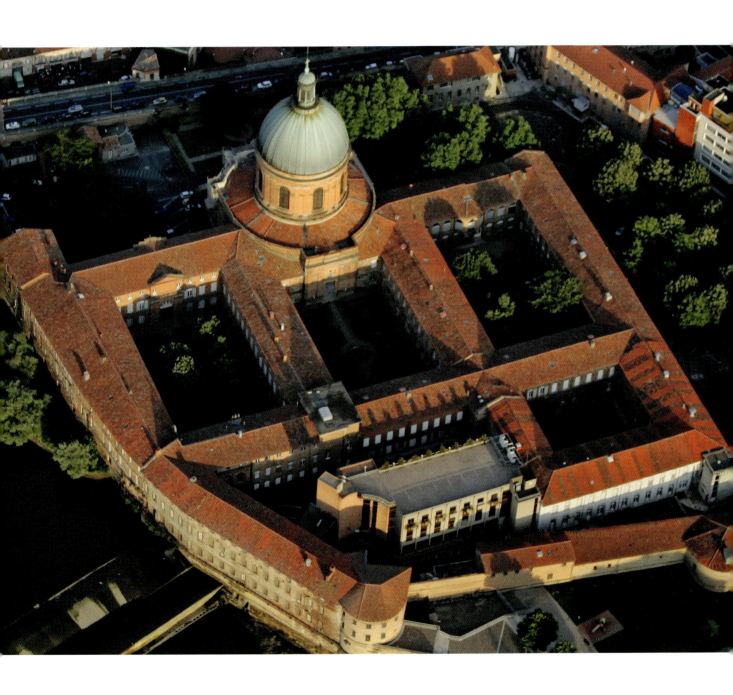

Vestiges des fastes de la Renaissance, les hôtels particuliers des Capitouls ~ Pages suivantes.

Le jardin Japonais de Compans-Cafarelli, la place de l'Europe et le Centre de Congrès Pierre Baudis ~ Page gauche.
Du pont Saint-Michel au Grand-Rond ~ Page droite.

Le Grand-Rond et le marché des antiquaires ~ Pages suivantes.

Le chantier du métro (ligne B) ~ Page gauche.
L'ancien observatoire de Jolimont, la médiathèque et la gare Matabiau ~ Page droite.

L'hôpital Purpan ~ En haut.
Le Zénith et la ZAC de la Cartoucherie ~ En bas.

Du stade Ernest Wallon à Montaudran - En haut.
Le Bréguet XIV (réplique de l'association Air-Aventure) au-dessus du Stade Toulousain - En bas.

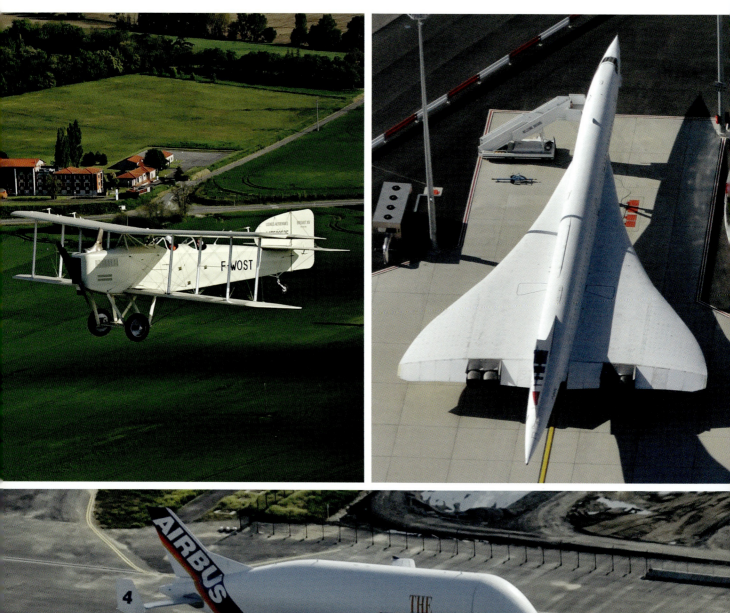

Trois générations d'avions de légende : le Bréguet XIV, le Concorde et le Beluga ~ Page gauche.
De Purpan à Blagnac ~ Page droite.

Un chantier de titan,
celui de l'usine Jean-Luc Lagardère
dédiée à l'A380 sur le site
d'AéroConstellation
~ Page gauche.

Une partie des installations d'Airbus
~ Page droite.

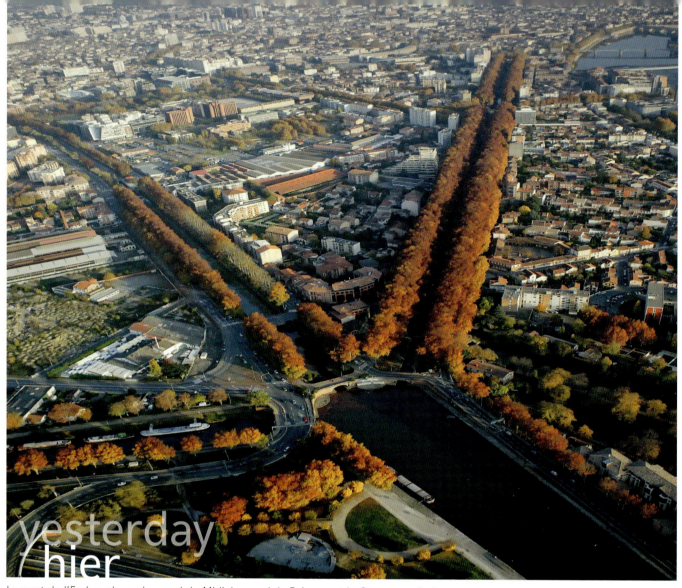

yesterday / hier

Le port de l'Embouchure, le canal du Midi, le canal de Brienne et la Garonne ~ En haut.

Montaudran ~ En bas.

aujourd'hui
today

yesterday
hier

Le site d'AZF deux ans après la tragédie du 21 septembre 2001 ~ Page de gauche.

Au premier plan l'Oncopole, puis le Centre de Recherche et de Développement Pierre Fabre ~ Page de droite.

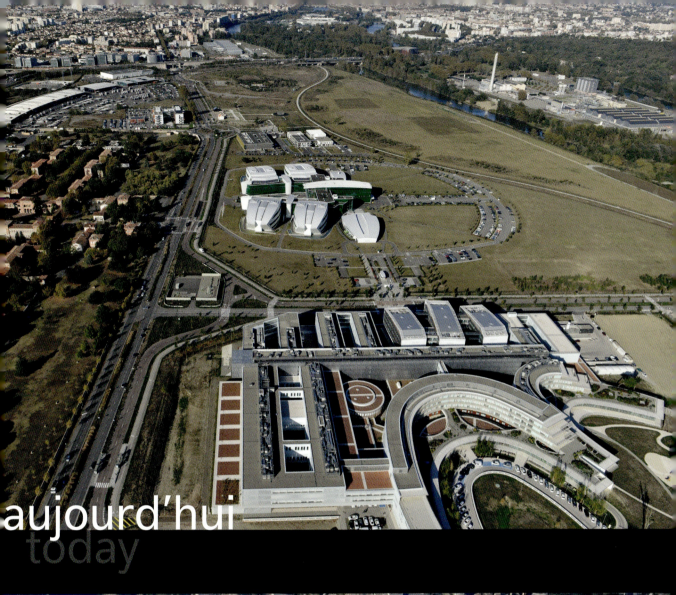

aujourd'hui
today

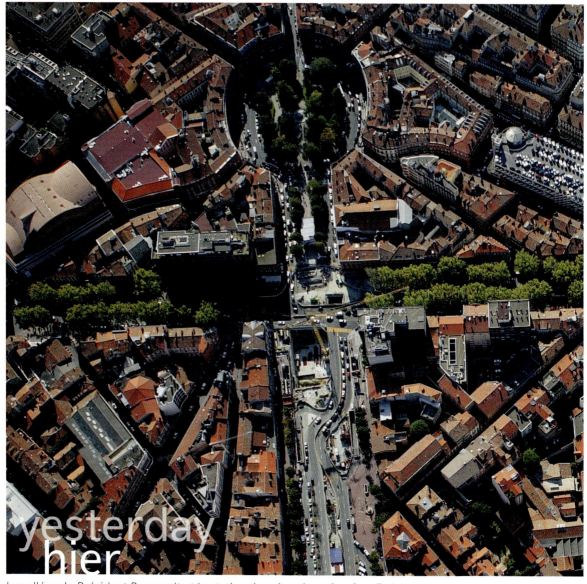

yesterday
hier

Les allées du Président Roosevelt et la station de métro Jean-Jaurès ~ En haut.

Le Palais de Justice et la Fontaine Saint-Michel ~ En bas.

aujourd'hui
today

yesterday
hier

De l'université Paul-Sabatier à Montaudran ~ En haut.

Le CHU de Rangueil ~ En bas.

aujourd'hui
today

La Fontaine Saint-Michel ~ En haut.
Place de l'Europe ~ En bas.

Place Occitane ~ En haut.
Place Saint-Étienne ~ En bas.

Place Esquirol, place de la Trinité et place Rouaix ~ Page gauche.
Place Rouaix et la CCI ~ Page droite, en haut.
Place de la Trinité ~ Page droite, en bas.

Place Saint-Georges ~ Page gauche, en haut.
Place Roguet, le marché Saint-Cyprien ~ Page gauche, en bas.
Place Dupuy et la Halle aux Grains ~ Page droite.

aujourd'hui
today

2015

En remontant la Garonne

Port et pont de l'Embouchure ~ Pages précédentes.
Le pont des Catalans, le musée des Abattoirs, le parc Raymond VI, l'hospice de La Grave et le pont Saint-Pierre.

Les Ponts-Jumeaux ~ Pages suivantes, à gauche.
La chaussée du Bazacle ~ Pages suivantes, à droite.

En remontant la Garonne ~ L'hospice de La Grave et le pont Saint-Pierre.

En remontant la Garonne ~ Le pont Saint-Michel, le pont du Halage de Tounis et la prairie des Filtres.

En remontant la Garonne ~ Le pont Saint-Michel et l'allée Paul-Feuga
L'Île du Ramier ~ Pages suivantes.

Entre chien et loup ~ Les Jacobins et la Daurade.

Place du Pont-Neuf ~ Pages suivantes.

Entre chien et loup ~ Quai de Tounis et église de la Dalbade ~ Pages précédentes.

Pointe nord de l'Île du Ramier et Hôtel de Région

La basilique de la Daurade.

Le couvent des Jacobins.

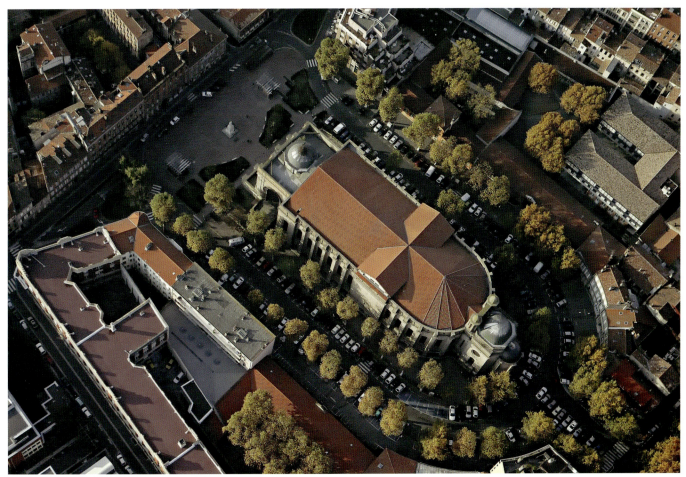

L'église Saint-Aubin.

La cathédrale Saint-Sernin.

Le marché de Noël, place du Capitole ~ Page gauche, en haut.
La place Wilson ~ Page gauche, en bas.
La place du Capitole, célébration de Jean Tirole, Prix Nobel d'Économie 2014 ~ Page droite.

Le dôme de La Grave et son lanternon ~ Page gauche.
Le Capitole et son donjon ~ Page droite.

Du pont Saint-Michel au pont Saint-Pierre ~ Pages suivantes, à gauche en haut.
Rue d'Alsace-Lorraine ~ Pages suivantes, à gauche en bas.
Les allées Jean-Jaurès ~ Pages suivantes, à droite.

Le pont Saint-Pierre.

Le Capitole ~ Pages suivantes.

La place Wilson.

L'Hospice de La Grave – En haut.
L'Hôtel-Dieu et le Pont-Neuf – En bas.

Le Capitole ~ Pages précédentes.
Le donjon du Capitole et la rue d'Alsace-Lorraine.

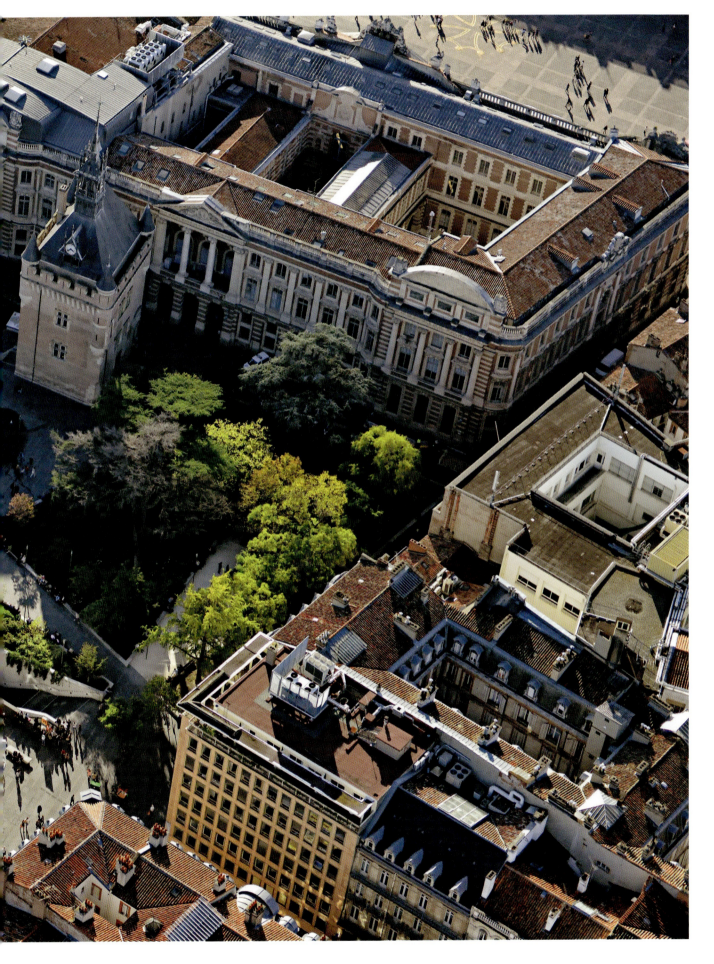

Place Wilson ~ Pages suivantes.

La cathédrale Saint-Sernin
~ Pages précédentes

De la place Wilson aux Jacobins .
Les Jacobins ~ Pages suivantes.

Les Augustins.
~ Ci-contre et pages suivantes.

La cathédrale Saint-Etienne
~ Ci-contre et pages suivantes.

La gare Matabiau et
la médiathèque José Cabanis
~ Pages précédentes.

Le Palais de Justice et
les allées Jules-Guesde
~ Page gauche.

Les allées François-Verdier
et le Palais Niel
~ Page droite.

Rue d'Alsace-Lorraine ~ Page gauche.
Les allées Jean-Jaurès ~ Page doite et pages suivantes.

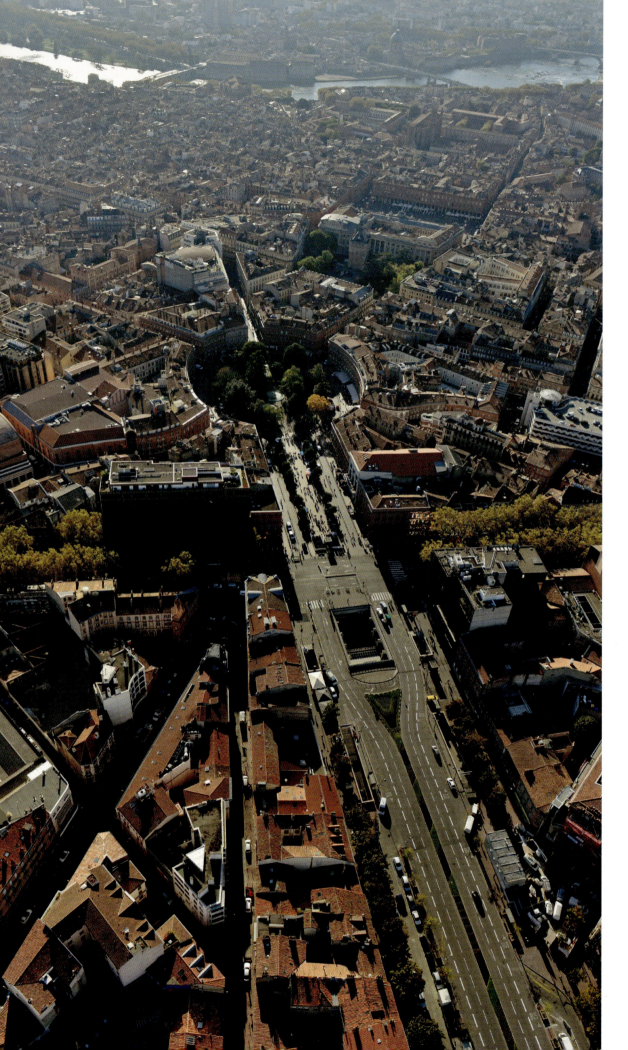

La rue de Rémusat et le quartier Victor-Hugo.

Le musée des Abattoirs et les allées Charles-de-Fitte
~ Pages suivantes à gauche.

Le Grand-Rond, la Faculté des sciences devenue le Quai des savoirs, le Muséum d'histoire naturelle et le Jardin Royal
~ Pages suivantes à droite.

Le Grand-Rond et les allées Frédéric-Mistral ~ Pages précédentes.
La fontaine du Grand-Rond.

La Garonne, du Pont-Neuf au Bazacle

Le Jardin des Plantes ~ Pages suivantes.

Le Grand-Rond et le Canal du Midi.

Dans l'ordre ~ **Le Port Saint-Sauveur. Le Canal du Midi** ~ Pages suivantes.

Le musée aéronautique Aeroscopia et les avions de légende sauvés puis restaurés par l'équipe de passionnés des « Ailes Anciennes ».

La navette Hermès et le Mirage de l'ENSICA

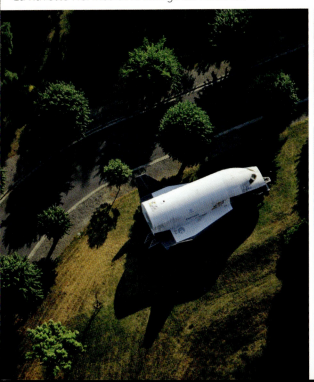

La Cité de l'Espace

Décollage du lanceur Ariane 5 ECA, vol 194 le 21 mai 2010, depuis le Centre Spatial Guyanais. Le lanceur a placé en orbite deux satellites de télécommunications : ASTRA 3B et COMSATBw-2 ~ En haut à gauche. **Le CNES** ~ En bas à gauche.

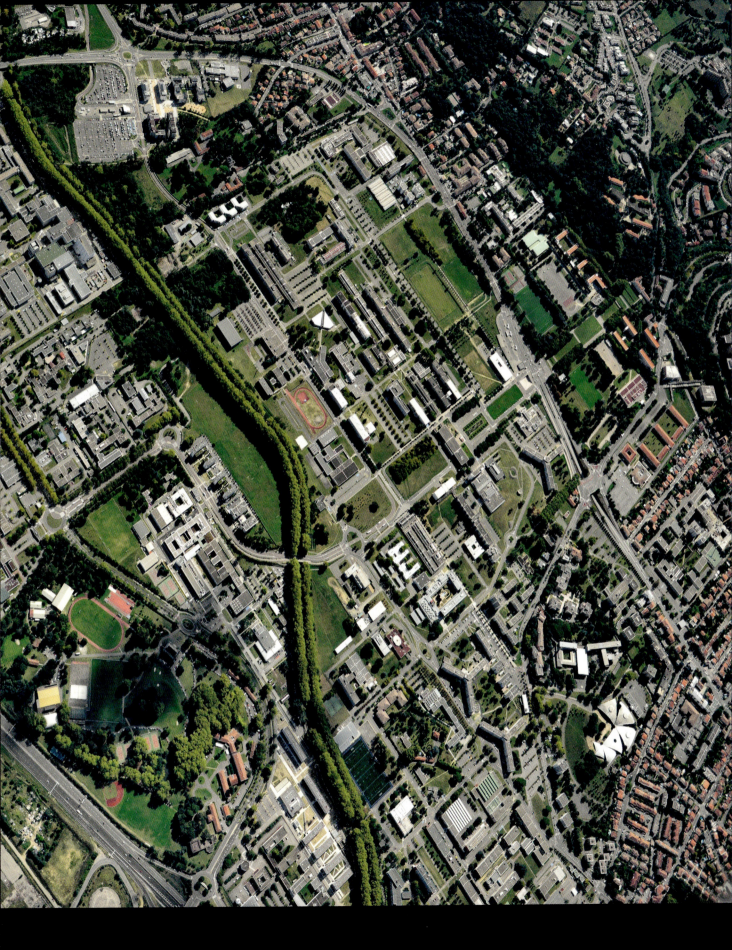
Du CNES à l'université Paul-Sabatier.

L'ISAE Sup'Aéro et l'université Paul-Sabatier ~ En haut.
L'ENAC et le CNES ~ En bas à gauche.

Le château Lespinet (CREPS) ~ En bas à droite.
Le stade Ernest-Wallon ~ Pages suivantes.

Colomiers.
La zone d'activité de Labège.

Balma.

Beauzelle.

Odyssud (Blagnac) ~ Page gauche, en haut.
ZAC du Grand Noble (Blagnac) ~ Page gauche, en bas.
Zone verte de la Ramée ~ Page droite, en haut et en bas à droite.
Roques-sur-Garonne ~ Page droite, en bas à gauche.
Zone aéroportuaire de Blagnac ~ Pages suivantes.

© Airbus S.A.S. 2015 - Hervé Goussé

Sites toulousains d'Airbus ~ Pages précédentes, ci-dessus et pages suivantes.

Remerciements

Nous tenons à exprimer toute notre gratitude à :

› M. Jean-Luc Moudenc, maire de Toulouse ainsi que Béatrice Managau et Hélène Rives.

› M. Pascal Mailhos, préfet de la Haute-Garonne et ses services.

› Les contrôleurs de Toulouse-Blagnac, en particulier, Sabine Aldebert, Sébastien Assémat, François Lagarde.

› Les services de la DSAC-Sud et M. Gilles Bigorgne.

› La Police de l'Air aux Frontières de Blagnac.

› Daniel Callais, Claude Clochard, Gérard Danen, Michel Durand, Jean Bruno Lay, Fortuné Cescon, Denis et Pierre Maubé, le Club des Rascasses.

› Francis Dubreuil de Numériphot, Thierry Nou et Thomas Richerol de Quatcoul, Thierry Pamies de Pure Impression.

› La société Airbus, en particulier Marie Bonzom, Francoise Trupiano et Jérome Plan ainsi que les photographes Hervé Goussé et Philippe Masclet.

› Le CNES et Mariane Foucras, Marie-Claire Fontebasso, Martial Vanhove.

› Les architectes : Buffi associés (Médiathèque), Cardete et Huet (usines d'assemblage de l'A350 et de l'A380, Stadium, Cité de l'Espace, Aeroscopia et Ernest-Wallon), Pierre Ferret (Stadium), André et Serge Gresy (Le Zénith), Roger Taillibert (Centre de Recherche et de Développement des Laboratoires Pierre Fabre), Jean-Paul Viguier (Le Cancéropole).

Béarnaise et amoureuse des Pyrénées, Marjorie Soulé de Lafont survole la chaîne en avion, planeur et ULM depuis des années.

Pilote d'avion et d'ULM, qualifié montagne et glacier, Éric Soulé de Lafont totalise 2 500 heures de vol et plus de 1 500 atterrissages sur neige et sur glacier. Passionné d'image, il pratique la photographie aérienne depuis plus de 30 ans. Constructeur amateur, il a consacré 5 000 heures à fabriquer de ses mains deux machines volantes dont il a effectué lui-même la mise au point et les essais en vol.
En 2001 Marjorie et Éric ont fondé leur propre stucture d'édition, Aéro Photos Pyrénées, pour mener à bien leur projet, concevoir et réaliser de A à Z des ouvrages ayant trait à leurs passions communes.

Cet album est le huitième de la série.

Marjorie Soulé de Lafont is from Béarn and has been flying over her beloved Pyrenees in planes, gliders and microlights for years.

Eric Soulé de Lafont flies aeroplanes and microlights, and is a qualified mountain and glacier pilot. He has 2,500 flying hours under his belt, as well as 1,500 landings on snow and glaciers. He is a keen photographer and has been taking aerial photographs for over 30 years. He is also an amateur aeroplane builder and spent 5,000 hours building two flying machines with his own hands, which he then fine-tuned and flight tested himself. In 2001 Marjorie and Eric set up their own publishing business, Aéro Photos Pyrénées, so that they could achieve their ambition of independently designing and producing books about their shared interests.

This book is the eighth in the series.

www.aero-photos-pyrenees.fr